AF447949

RELATOS DESCONOCIDOS DEL ISTMO, ÉRASE UNA VEZ

Lilibeth E. Mendoza-Corro

Relatos desconocidos del istmo. Érase una vez
Lilibeth E. Mendoza-Corro

Diseño de portada: Samuel González samuel.e.gonzalez.v@gmail.com

ISBN: 978-9962-17-247-5

DEDICACIÓN

A mis hijos, César E, Alexandra C, Paola N.

AGRADECIMIENTO

A los compañeros: Carlos y Héctor.

"Generación Literaria 2020"

A todos que estuvieron allí, animándome siempre.

Lilibeth Mendoza-Corro

Chitré, Panamá

Estudios: licenciatura en Programación y Análisis de Sistemas, licenciatura en Derecho y Ciencias Políticas, maestría en Gerencia de Sistemas de Información, maestría en Administración de Negocios, con énfasis en Recursos Humanos, maestría en Gerencia de Sistemas de Información, postgrado en docencia superior, Máster de Gestión y Tecnología del Conocimiento.

Egresada del Programa de Formación de Escritores

(PROFE 2020) género novela, y (PROFE 2021) género ensayo, organizados por el Ministerio de Cultura.

Publica artículos de opinión en el periódico Metro Libre de Panamá.

Enlaces de contactos con la escritora

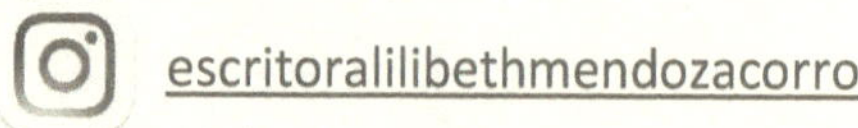 escritoralilibethmendozacorro

 Facebook/Lilibeth E Mendoza Corro

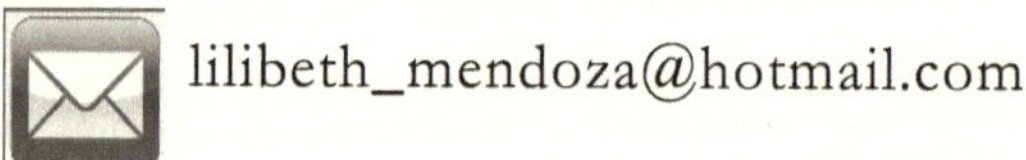 lilibeth_mendoza@hotmail.com

Índice

Capítulo I

La llegada de los hombres con cascos

El cacique Comagre es el gran jefe a miles de leguas a la redonda, es descendiente del pueblo cueva, habitantes de la gran región donde los ríos son fuente de alimentos y forma de transporte y comunicación con las otras tribus, y los árboles son tan altos que el ojo del hombre en muchos casos no logra ver su cima, que apunta al cielo, y los animales comparten nuestro espacio en esta maravillosa tierra.

Comagre ha podido mantener a su tribu protegida con gran determinación y esfuerzo a pesar de largas y sangrientas guerras con otras tribus vecinas durante su mandato, y ha visto cómo pasan las lunas. En dos ocasiones, la diosa Luna devoró al dios Sol y, poco después, se pudo ver cómo fue arrojado el Sol, distanciándose y ocupando sus tiempos y sus espacios, en los que permanece hasta ahora.

Desde la época de sus antepasados, se han escuchado testimonios de ricas tierras más allá de las altas montañas y de las grandes aguas, donde el dios Sol guarda su brillo en la madre tierra.

Los pobladores del cacicazgo de Comagre son diestros con el sentido de la orientación, conocen cada secreto de la gran madre selva. Han sabido obtener de sus entrañas los alimentos y los medicamentos, las hierbas que espantan a los malos espíritus. En otras épocas, con frecuencia Comagre realizaba el viaje a las grandes aguas que bañan las tierras de los hijos del Sol. Por las desavenencias con el cacique Poncas, su enemigo declarado, y por su avanzada edad, no se ha ausentado de su cacicazgo durante mucho tiempo, a fin de mantener la seguridad de su pueblo. Pero, en esta ocasión, el momento es especial, y se alista con un grupo de su gente para realizar el largo viaje y encontrarse con sus amigos los hijos del Sol.

Son muchas lunas hasta llegar a las grandes aguas, atravesando la selva, abriendo las trochas para ir avanzando y atravesar la madre selva, la cual, a su vez, las cierra sin dejar visibles las huellas de los caminantes, borrando todo rastro de la travesía. Se disponen a recorrer grandes tramos del viaje navegando por los ríos caudalosos. Es la temporada lluviosa y el ambiente es húmedo y malsano, se encuentran con altas montañas que deben subir, y animales peligrosos, pero nada es motivo para abandonar la travesía y que puedan ofrecer su saludo a los hermanos de las tierras abundantes en tesoros.

Los visitantes llegan a ellas para comercializar sus productos y presentar su amistad al pueblo amigo. Cuando llegan, los ven viajando en grandes balsas, que maniobran con gran destreza. En la orilla, observan a hombres y mujeres ataviados con grandes piezas hechas de oro, las pieles que cubren sus cuerpos no se han visto en su región, no hay en ella ese tipo de piel y despierta curiosidad. ¿de qué animal serán esas pieles?

Los anfitriones les hacen señas para expresarles la bienvenida, deponen sus flechas y entierran sus lanzas en la madre tierra, en señal de amistad. Ambos grupos comparten los alimentos y los artículos propios de sus respectivas culturas. Son noches de bailes y convivencia bajo la luz de la Luna. Cuando el dios Sol ofrece los destellos de luz, participan juntos de la caza y la pesca en símbolo de buena voluntad.

El octavo día de convivencia, se suscitó algo inesperado: se dio el ofrecimiento de la hija menor del cacique Comagre al gran jefe de los hijos del Sol. Se prestan a ataviarla y se le ofrecen regalos. Ella se convertía así en el vínculo que tendría una comunidad con la otra. Sus futuros hijos serían parte de la cultura que la recibe en su seno, y ese vínculo es fuerte para ambos pueblos. La fiesta ofrecida por la unión fue celebrada por varios días y sus noches.

Al momento de la partida, se brindaron múltiples muestras de respeto, las dádivas no se hicieron esperar. Los hijos del Sol les dan una pechera de oro y mantos de piel de llama a los habitantes del cacicazgo de Comagre. Se ofrecieron a los anfitriones tocados de plumas y pieles de leopardo como muestra de la gran amistad entre ambas culturas y como símbolo de familiaridad por el nuevo vínculo.

Amanece en el cacicazgo, donde hay un gran caserío bien organizado, espacios reservados para las cosechas y áreas comunes para la celebración de grandes festejos. En esos momentos, la población se encuentra reducida y está vigilante por cualquier asalto que puedan sufrir por parte de sus vecinos enemigos. Su cacique viajó a tierras lejanas hace más de cien lunas y, como es costumbre cuando el gran jefe no se encuentra, los pobladores están nerviosos. Con alegría, divisan la caravana de su gran jefe y sus acompañantes, procedentes de las grandes aguas. Regresan sin su hija menor, que quedó en tierras lejanas con su nueva gran familia.

Llegan algunos nativos al cacicazgo con gran revuelo y preocupación por el avistamiento de dos grandes embarcaciones nunca vistas en esas orillas, navegando de este a oeste. Los nativos, escondidos, pudieron dar seguimiento a los movimientos de las extrañas naves, que en un momento quedaron paradas frente a la costa y después se alejaron, perdiéndose en la gran agua.

El cacicazgo de Comagre se encuentra en una vasta llanura. Los días y las noches son serenos, con excepción de la temporada en que los cielos rugen y la caída de las aguas es frenética y por largos períodos. Saben que es tiempo del regalo del alimento por la tierra madre, que ofrece sus mejores hierbas para curar y alejar a los malos espíritus, y es el momento de ponerse a la faena de recoger los productos que serán almacenados para cuando llegue la temporada de sequía.

Comagre, todas las mañanas, se dispone a atender los deberes del cacicazgo; la convivencia es su preocupación principal. Una vez terminada su labor, se toma un tiempo y visita a los enfermos con el hombre que tiene el don de curar y sacar a los espíritus.

La tranquilidad es interrumpida al llegar el grupo de hombres que se encontraban en la ensenada. Parece que han visto un espanto o espíritu malo de sus antepasados. El cacique se presta a escuchar las versiones de los asustados y, pasado un primer momento del descontrol, Comagre pregunta:

—¿Qué sucede?

—En la ensenada hemos vuelto a divisar las barcazas inmensas, mucho más grandes que las nuestras, como las que se vieron hace muchas lunas. —Con un movimiento rápido, toman sus lanzas—. Vamos, jefe.

Se alistó un buen número de hombres con lanzas.

—Les sigo —dijo él.

Los habitantes se quedaron a la expectativa de lo que pudiera suceder.

A su llegada a la ensenada, se asoman con recelo entre los arbustos.

—Eran las barcazas más grandes que habíamos visto en toda la vida, ni las barcazas de los hijos del Sol tienen ese tamaño, son como islas flotando, en nuestra ensenada.

Las *islas*, mecidas por las olas, se fueron acercando a otras barcazas más chicas, y se veía el movimiento de los hombres que bajaban a ellas. Posteriormente, se desplazaron a tierra.

Los hombres del cacicazgo de Comagre estaban escondidos, viendo la llegada de los desconocidos, hombres gigantes, de piel blanca, con cabellos largos que también tenían en sus caras. Sus vestimentas destellaban como el Sol, y muchos de ellos tenían cubiertas sus cabezas.

—Esas cosas no las conocemos, ni a los hijos del Sol se las he visto.

—¿Serán armas las que tienen agarradas en sus manos?

—¿De dónde vienen, qué quieren de nuestras tierras?

El cacique sintió cierto apocamiento por sus pies desnudos, por su cuerpo expuesto y por sus viejos arpones, frente a aquel enemigo.

Los ve caminar por la costa, la recorrían de occidente a oriente, puede escucharlos, pero no entendía lo que se decían. No son como los hijos del Sol, presiente que no va ser lo mismo desde ahora.

—¿Qué es eso que viene corriendo hacia nosotros? —pregunta, incorporándose como un rayo de su escondite uno de los guerreros, pero ya era tarde—. ¡Quítenmelo, quítenmelo!

Así gritaba el hombre. El animal que nunca habían visto en aquella tierra mordía su cuerpo, lo tumbó a tierra y le seguía mordiendo con furia. No podían quitarle a ese animal o arma que tiene vida, lo que fuese, que emitía un sonido fuerte, sus ojos eran dos llamas que destellaban con furia y de su boca salía espuma. No dio tiempo a que le dieran un lanzazo. Los gritos y la impotencia se apoderaron de todos ellos, y quedaron al descubierto, por tan espantosa muerte a uno de los suyos.

En un segundo estaban junto a ellos. El pueblo de Comagre y los recién llegados, que iban corriendo tras aquella arma mortífera. Se escuchó la orden «Leoncito, suéltalo» y la bestia soltó a su presa. Sus compañeros acudieron a atender al herido, pero pronto se percataron de que no había nada que hacer. Mientras, los hombres con cascos y Comagre quedaron frente a frente.

«Es indudable, a partir desde ahora el cacicazgo no va ser lo mismo para nosotros», pensó este.

Capítulo II

Llegada de los escoceses, colonia fallida

La familia Paterson en cada generación tuvo que enfrentarse con situaciones difíciles. Esas historias se cuentan en las reiteradas reuniones familiares. Es sabido cómo se vino abajo el negocio familiar en el año 1497, por la firma de los tratados de Tordesillas. Conocía muy bien cada una de las historias y la valentía que se requirió para salir de cada uno de los aprietos.

Yo nací en 1658, en la cuidad de Tinwald, en Escocia. Llegué a este mundo en unos de los tantos apuros de la familia Paterson. Se vivía la incertidumbre del negocio de la navegación, pues nos estaban afectando las nuevas leyes de comercio mercantil. Soy hijo de John Paterson: el niño William es como todos me llaman.

A consecuencia del cerco comercial, se establecen en las costas de África del Mediterráneo, en el Atlántico y en el mar del Sur. El gran negocio de la época, la piratería, y se implementa la Real Orden del Corso, surgiendo así los corsarios, que se convertirán en empleados de la corona inglesa y, en poco tiempo, por la falta de actividad comercial debido a las medidas de fiscalización en cada uno de los puertos, en busca de contrabando se instituyen los bucaneros, convirtiéndose la suya en la actividad más atractiva de la época.

Los ataques se realizaban preferiblemente a las flotas mercantes española y portuguesa, pero en muchas ocasiones se asaltaban embarcaciones inglesas. En más de una ocasión, los barcos de mi familia fueron atacados, dándose por perdida la mercancía y, a veces, inclusive la embarcación. El mundo conocido se encontraba en manos de los asaltantes de los mares.

La mejor noticia para la familia en ese momento fue el ofrecimiento de un trabajo seguro en las Indias Occidentales, en la colonia inglesa de las Bahamas. Para entonces, yo contaba con diecisiete años de edad, no había nada que pensar, a pesar de sentir alguna aprensión por partir lejos de nuestra tierra. La despedida fue difícil, por separarnos del resto de la familia y la incertidumbre de enfrentar lo desconocido.

Instalados en las Bahamas, el ambiente era distinto a lo vivido en Inglaterra. Los días los pasaba en el muelle, viendo el desembarque de unas naves y el embarque y la partida de otras, que zarpaban hacia diversos destinos. Mientras observaba las aves marinas y ir y venir de los navíos, sentía que el ambiente del trópico era lo mejor que me había podido ocurrir: las playas de arena blanca, el olor a mar, el agua azul turquesa, la brisa tropical. La isla era el hervidero del mundo marítimo mercantil y las finanzas se convirtieron pronto en mi trabajo, que disfrutaba con pasión.

Era mi costumbre, después del trabajo, pasar la tarde y las primeras horas de la noche en el puerto. En una de esas noches, estando en el puerto que frecuentaba asiduamente, mientras fumaba mi pipa, escuché que me llamaba una voz femenina de forma afectuosa. En ese instante, tomé la pipa en la mano derecha y volteé a ver de dónde procedía la voz: pasaron frente a mí dos hombres, que se acercaron a la dama que estaba llamando a uno de ellos. Supe entonces que no era el único William en el puerto.

Acto seguido, seguí disfrutando de mi pipa

y de la contemplación del desembarque del buque del que habían descendido aquellos hombres. Bajaban cofres, baúles, víveres, quedé absorto en el movimiento propio de la gente de mar, imaginando las historias de los marineros que vivían en alta mar. A este puerto, a menudo llegaban corsarios y piratas, era usual en estas islas del Caribe.

Inmiscuido en las finanzas de uno de los tantos bancos establecidos en la isla, me había creado una buena reputación en el gremio. Desde la oficina, observé que se acercaban los dos hombres que había visto llegar al muelle hacía dos días, uno de los cuales se llamaba William. Pidieron la ayuda de un asesor financiero.

—Buen día, soy William Dampier y, mi amigo, Lionel Wafe.

A partir de este instante, nosotros entablaríamos una estrecha amistad.

—Buen día, tomen asiento. ¿En qué puedo

ayudarlos?

—Hemos tenido un negocio exitoso y queremos invertir las ganancias en la siguiente expedición.

—Han llegado en un buen momento, se lo aseguro —les dije.

Después de la visita al banco, los tres comenzamos a reunirnos con frecuencia en el muelle. El señor William Dampiere era un científico botánico reconocido en el mundo por sus estudios y su amigo, Lionel Wafer, procedente de Gales, era un cirujano con mucha experiencia, un explorador. Ambos se habían conocido en la isla de Jamaica y se dedicaban a otras actividades lejanas a sus profesiones originales. Eran corsarios y, en muchas ocasiones, bucaneros, ocupación de la que habían obtenido una fortuna considerable.

Los encuentros conmigo eran regulares, cuando los navegantes llegaban a la isla. Por ellos pude conocer más de sus vidas en el mar.

Durante una de las tertulias, Dampier detalló cuando en la embarcación de Batholomew Sharp saquearon el fuerte de Portobelo, cómo atravesaron el istmo llegando al mar del Sur y procediendo a capturar cuatro barcos españoles en nombre de la corona inglesa, con lo que recolectaron un gran botín de provisiones: harina, pólvora y vinos. Con estas provisiones, siguieron saqueando toda la costa del mar del Sur.

Pero la buena suerte cambió repentinamente, ya que los españoles habían reforzado la zona y, en la huida, la nave que comandaba Eduardo Bolmen fue emboscada, muriendo toda su tripulación.

—En nuestra huida, quedamos escondidos en el archipiélago de Juan Fernández. Muchos de la tripulación estábamos heridos y necesitábamos reponer las fuerzas. Pronto quedamos sin alimentos, se tenía que retornar al istmo lo más pronto posible o podríamos perecer en aquellas islas desiertas. Las heridas sufridas por Wafer eran de consideración, las mías curaron pronto. Se tomó la decisión de dejar a Wafer con los indios en el Darién y cinco de los tripulantes para que lo pudieran atender.

Wafer interrumpe a Dampier.

—No te imaginas la buena vida que me di en el istmo. —Se queda pensativo recordando muy buenos momentos y sonríe visiblemente de satisfacción—. Es lo mejor que pudo haber ocurrido en ese viaje funesto.

Esa es la sonrisa y esa la luz que se refleja en su rostro cada vez que recuerda el istmo.

—Sabes mi afabilidad, pronto me hice amigo del gran jefe y aproveché cada minuto para dedicarme a estudiar la naturaleza hermosa del lugar y la historia fascinante de los habitantes.

—Solo te recuerdo, Wafer, que tienes

una deuda pendiente con esos habitantes, eres un hombre comprometido para casarse con la hermana del jefe.

—Ya llegará el momento de volver. —Cerró sus ojos, quedando un tiempo en silencio—. Ahora tengo otros asuntos pendientes.

—Wafer, cada vez que te recuerdo el compromiso te pones serio —le comenta Dampiere.

—Fue difícil partir. El año que estuve en recuperación, los habitantes fueron muy atentos y se preocuparon por la mejoría del invitado del jefe, así que prometí llevarles perros ingleses y, claro, como dijiste, casarme con la hermana del gran jefe.

A su llegada después de un año de ausencia, Wafer no fue reconocido por los compañeros corsarios.

—Cómo me gustó pasar desapercibido todo un día. —Se tocó el aro que llevaba en la nariz—. Pasaban a mi lado y no me reconocían cuando llegué a Jamaica.

—Cómo pensabas que te reconoceríamos si tenías el cuerpo totalmente pintado y llevabas ese anillo en la nariz —dice, y suelta una carcajada estrepitosa.

—Amigo Paterson, estas historias de seguro no las vas a escuchar en ningún otro lugar —le asegura Dampier.

Eran días enteros de tertulias hasta bien entrada la noche, fumando pipa y tomando *rum*.

A mí, las historias de ambos corsarios me apasionaban. Disfrutaba ver y escuchar la llegada de cada bergantín. El movimiento que se generaba en el desembarque de la mercancía me fue dando ideas y fraguaba un negocio que pronto se convirtió en una obsesión: el Proyecto Darién. Pero ¿quién podía tomarlo en serio?

En poco tiempo, Wafer y Dampier regresaron a la isla de Jamaica y yo regresaba a Inglaterra. El ofrecimiento de un cargo directivo en el Banco en Inglaterra, después de varios años lejos de esas tierras, me tentaba. Pero no dejaba de pensar en el Proyecto Darién. Consideraba al istmo «la puerta de los mares y la llave del mundo». Para lograr ese proyecto sabía que debía trabajar duro. Con la meta de mi gran Proyecto Darién, levanté una fortuna obtenida del comercio internacional, destacándome en el mundo de las finanzas y el comercial.

Pronto me convertí en una figura pública, en un reconocido comerciante en el ámbito de los negocios internacionales, específicamente en las Indias Occidentales. Los viajes y el acercamiento a estos territorios fueron determinantes para ampliar el negocio, queriendo mantenerlos como punto de intercambio comercial, un lugar donde mercadear con el reino de España. En una de mis jugadas, había promovido y ayudado a fundar el Banco de Inglaterra, lo que valió que me incorporara como directivo, aunque en menos de un año fui retirado del cargo, tras darse un gran escándalo financiero.

Sin empleo y con algo de dinero, me dediqué a la búsqueda del financiamiento para el Proyecto Darién. Se lo presenté a varios Gobiernos, sin resultado positivo. Con los reveses, me dirigí a Escocia, era mi última opción, y promoví la creación de la Compañía Escocesa de Comercio a África y las Indias, con la experiencia adquirida de cuando se creó la Compañía Británica de las Indias Orientales en Inglaterra, lo que aprendí y llevé a cabo cuando estaba en el Banco de Inglaterra.

Presenté la misma propuesta de comercializar a treinta y un años, igual que habían hecho los británicos. Se obtuvo la aprobación para tomar posesión de tierras que estuviesen despobladas, que no pertenecieran a ningún reino europeo, donde pudiéramos establecer nuestras colonias en Asia, África y en América. El tratado era ventajoso y brindaba oportunidades de nuevos negocios.

«Logré aquello por lo que durante tanto tiempo he trabajado, de una vez por todas llevaré a cabo mi sueño, el Plan Darién».

En este viaje me acompañaron mi esposa y mi hijo, aún un niño. Estábamos muy emocionados por la partida. Este viaje era distinto al primero que había realizado cuando tenía tan solo diecisiete años a Bahamas, y estaba ansioso por conocer lo que me deparaban esas tierras. Ahora soy yo quien deseo volver y establecer un comercio desde el Darién y conectar con las Indias Orientales.

En Puerto Leith, listos para la partida, se logró contar con tres naves y, adicionalmente, dos embarcaciones pequeñas. Al momento de la partida, muchos conocidos fueron a despedirnos. Partimos con mucha ilusión por la nueva vida. La travesía se realizó en tres meses, llegando a tierras de las Indias Occidentales, en la bahía de Anachucuna.

A nuestra llegada, los habitantes se mostraron afables y se estableció un tratado de amistad y alianza con el líder, Diego del Golfo. Nos permitieron establecernos en las tierras de la antigua Acla, la cual llamamos Nueva Caledonia, y pronto fundamos la segunda ciudad, a la cual llamamos Nueva Edimburgo.

Pronto, la alegría de estar en esas tierras se nos terminó: el clima, la insalubridad, la fiebre que nos avasallaba. Contraje serias enfermedades, pero pude restablecerme. Sin embargo, mi esposa y mi hijo fueron los primeros de nosotros en morir en estas tierras. No solo el clima estuvo en nuestra contra, también la conspiración de Inglaterra de no ofrecer la ayuda a los colonos del istmo de Darién y los ataques por parte de los españoles, que tenían la orden de desalojar a los colonos escoceses del lugar. No tuvimos un momento de tranquilidad.

Solo quedaba una acción a tomar: la retirada, el abandono, asumir el fracaso del Proyecto Darién. Fueron siete meses de mantener la colonia en tierra firme y tratar de establecer el comercio sin resultado. Pronto partimos en dos embarcaciones, atrás dejé mis sueños y la familia que perdí a consecuencia de enfermedades que acabaron con muchos de los colonos. Pronto llegamos a nuestro primer destino, Jamaica. Algunos decidieron quedarse en la isla; otros, partimos hacia Nueva Inglaterra. Los que tenían familia en esas tierras decidieron quedarse. Nuestra próxima travesía hacia Escocia se realizó solo en la embarcación el Caledonio. Llegamos abatidos, derrotados, con una gran deuda y arruinados.

Por muchos años, enfrenté casos judiciales por la pérdida del dinero de los inversionistas en la creación de la Compañía Escocesa de Comercio a África y las Indias en el istmo del Darién.

Después de mucho tiempo, me reencuentro con los entrañables amigos de mi juventud, los dos amigos con los que compartí tertulias nocturnas en el muelle en la isla en Bahamas. Ahora, en Inglaterra, en uno de los múltiples viajes que realice desde Escocia, me encuentro con Wafer y Dampiere. Traen nuevas experiencias de nuevas tierras. Wafer trae copias de sus libros dedicados para mí, entre ellos *Un nuevo viaje y descripción del istmo de América*. Dampier llegaba en esas fechas de su segunda circunvalación del mundo. Prácticamente, la reunión tenía la intención de desearle un feliz tercer viaje.

La gran sorpresa de la noche fueron los mensajes que, por medio de mí, enviaron los amigos del istmo de Darién a Wafer: que recordara el compromiso con la hermana del jefe y los perros que le habían pedido. En ese momento, quedamos mirándonos en medio de un largo silencio.

Capítulo III

Expedición al Darién

Llego al Darién. Hay pocas tierras pobladas, y una vegetación exuberante, abundan las aves y los ríos caudalosos. Es un paraíso y lo disfruto a mis anchas. Estoy impresionado. Es algo difícil de pensar de mí, ya que lo he visto todo, he recorrido el mundo entero y he podido ver maravillas, pero nunca como estas tierras.

La misión que me trae a estos parajes es

establecer comercio con el país de Panamá. Después de los vínculos que entablamos las dos naciones, las relaciones comerciales siempre vienen bien para ambos países. Los magnates de la empresa automotriz americana Henry Ford y su socio Harvey Firestone buscan tierras apropiadas para la siembra de árboles de caucho. Mi país está confrontando serios problemas en la adquisición de materia prima para la realización de los neumáticos en la empresa automotriz, lo que representa un problema en estos momentos en la producción de las piezas de los automóviles. Hay gran competencia en el mercado y se atraviesa por una situación de desabastecimiento de materia prima para la construcción de piezas y neumáticos, ya que los ingleses y los brasileños tienen monopolizado el negocio del caucho.

Tengo cinco meses de recorrer el Darién, visitando varias comunidades, ahora llego a la comunidad de Guna Yala, tierras del jefe Nele

Kantule. Percibo las miradas de los pobladores, el ambiente está muy tenso. Se aproximan, nos aborda la comitiva del jefe Nele Kantule, nos disponemos a hacernos entender con la ayuda de traductores. Nos conducen a la presencia de su jefe. Los nativos nos miran con incredulidad. Al inicio, la conversación fue difícil, pero, poco a poco, se fueron limando las asperezas. Estamos cerca de la partida. Me despedí del jefe Nele Kantule y decidí realizar un breve recorrido y observar la belleza de los pájaros propios del lugar que despliegan sus bellos colores y cantos, posados sobre las altas palmeras cerca de la costa, previo al zarpe de regreso.

—John, prepara todo para partir.

—Ya estamos listos, nos podemos retirar cuando usted lo indique Mr. Marsh.

En ese momento, mi vista se fija en tres niñas que cruzan por el claro antes de adentrarse en la selva. Mi reacción fue rápida.

—Muévete, sígueme —le digo a John y corro lo más rápido que puedo para alcanzar a las niñas.

—Le sigo, señor —a duras penas me puede contestar, por la acción repentina que realizó para seguirme.

—Ayúdame, traduce —parados frente a las niñas, le pido a John que le traduzca lo que le digo a continuación.

—¿Cómo se llaman?

John trata por todos los medios hacerse entender. Mientras él les pregunta sus nombres, yo me dedicaba a observar detenidamente sus cabellos largos de color amarillo brillante, sus pieles y el color marrón claro de sus ojos.

—No entienden las preguntas, Mr. Marsh. Les he preguntado en su dialecto, y no comprenden y, cuando le hago señas para poder comunicarme, estas les causan risas.

—Dejémoslas partir, John.

«Lo que se dice es verdad, no es una

leyenda», pienso, oh, ¿cómo es posible?

—¿Qué me dice, Mr. Marsh?

Quedé tan impresionado que no salía de mi asombro, el corazón me latía muy rápido, mis manos y mi boca temblaban, por fin puede contestar.

—No se preocupe John, no es nada.

Me preguntaba una y otra vez, «¿qué está pasando aquí?».

—No partimos, nos quedamos.

Me dirigí a uno de los indígenas que el saila me había asignado y formaba parte de la comitiva para que nos ayudara en lo que se nos ofreciera.

—¿Me puedes decir dónde viven?, ¿me puedes llevar?

—¡No, no, me pueden matar si lo hago! —el indio indicaba con la cabeza un no radical, su semblante palideció, dio un paso atrás y dijo—: Viven tierra adentro, en el Chucunaque, pero un grupo de ellos se desplazaron cerca del poblado de Yaviza.

Esa noche no pude dormir, pensando en lo que había visto y descubierto. Temprano, me dirigí a casa de Kantule y le pregunté sobre los indios blancos.

—¿Cómo puedo contactar con los indios blancos?

—Los *chepu tules* no toleran la presencia de los gunas —aseguró, con su peculiar parsimonia, midiendo cada palabra; mirándolo fijo a los ojos decide por fin contarme—: Muchos de ellos fueron asesinados por nuestros hombres. Fueron ellos los que recibieron toda la venganza de nuestro pueblo, en represalia por los malos tratos recibidos de esos conquistadores. Por el abuso contra nuestras mujeres y el maltrato contra nuestra gente, muchos de los nuestros murieron a merced de sus decisiones caprichosas, la de humillar y matar a uno de nosotros —da unos pasos y me invita a seguirlo—, ellos viven tierra adentro, escondidos, lejos de nuestras tribus.

A la llegada a Panamá, se rindió el informe a los inversionistas. No se pudieron encontrar tierras apropiadas para la actividad automotriz. Pero yo no podía olvidar a los indios blancos, a los que Nele Kantule llamaba *chepu tules*. En una ocasión, le comenté al encargado de *Quarry Heights* lo impresionado que quedé al ver hombres blancos como nórdicos o suizos en las entrañas del Darién.

—Encontré en el interior del Darién indios blancos, general Babbitt.

—Le creo Mr. Marsh. Como usted sabe, nosotros mantenemos una estación inalámbrica cerca de la frontera con Colombia. Hace poco, el teniente Arnold cambió el rumbo y se adentró al interior y, por el mal tiempo, tuvo que volar bajo el avión, pudiendo observar una tribu habitada por personas de piel blanca que vivían como indios.

—¡Oh, no es una leyenda!

—¿Qué dice, Mr. Marsh?

—Nada, Babbitt, gracias por la información.

«Tengo que regresar pronto a Yaviza y contactar con los indios blancos del Darién».

Capítulo IV

Revolución Tule

Todo este tiempo, el señor Marsh se encontraba en un ir y venir, reuniones en distintas instituciones privadas y públicas en búsqueda de financiamiento para lo que se convirtió en su obsesión. Ahora él estaba reunido con investigadores de varias universidades, científicos de elite reconocidos a nivel mundial. ¿Cómo es posible que un hombre como Richard Oglesby Marsh, que ha recorrido el mundo, un erudito conocedor que ha vivido en varias culturas, pudiera tener interés en estas tierras recónditas del

Darién?

Ya contaba con los permisos del presidente de la república de Panamá, Belisario Porras. Su amistad databa de su pasada estadía en este país. Cuando Marsh estaba encargado de asuntos comerciales de la Embajada de los Estados Unidos, entabló conversaciones en muchas de las reuniones en que participaron. Se escuchaba en el medio político que Marsh tuvo que ver con la contienda política y el empujón le sirvió a Porras para ganar las elecciones presidenciales. Por su parte, consiguió que el Departamento de Guerra, establecido en la Zona del Canal, le diera el apoyo en enseres, carpas y radios de comunicación. Partió por fin a tierras del amigo Nele Kantule, donde sabía que lo estaban esperando, con las mismas ansias de él por estar en el Darién.

Hacía un año de lo ocurrido en Yaviza, y parecía imposible que hubiera podido conseguir financiamiento y apoyo económico en tan poco tiempo, y ahora estaba de vuelta.

«Las brisas de mi recordada Yaviza me dan la bienvenida, las guacamayas despliegan sus colores brillantes, qué majestuosidad de la naturaleza, una bandada de pericos escandalosos anuncia nuestra llegada. Pero lo que más extrañaba era este mar, ese olor a mar tan peculiar que entra por las narices hasta las entrañas de mi ser y su melodía relajante del ir y venir de las olas. Esto es lo que realmente necesitaba después de estar en el constante bullicio de Nueva York, extrañaba esta naturaleza virgen».

No pasó mucho tiempo desde su llegada, vieron la rebeldía de los indios gunas para recibir asistencia médica, no querían educación del Gobierno y la religión católica no era bien recibida en su pueblo. Como decían, ellos siempre habían estado allí, en esas tierras que les proporcionaban sus medicinas, la sabiduría y sus dioses. Marsh tomó la decisión de hablar con el saila Simmal Coleman y Nele Kantule de las enfermedades como la tuberculosis y la malaria que padecía su pueblo. Fue una decisión muy pensada, ya que el pueblo guna respetaba las decisiones de su saila.

—Le puedo sugerir, jefe Kantule, la importancia y la necesidad de que se vacunen contra las enfermedades que están causando muchas muertes a su pueblo.

—El hombre blanco quiere nuestras tierras y nosotros no vamos a dejar que nos quiten lo que siempre fue nuestro. Mr. Marsh, nosotros le tenemos admiración a su pueblo, cómo pudieron construir el canal—, le habla con su peculiar lentitud para que fuera traducido.

—De nosotros siempre tendrá el apoyo, jefe Kantule.

—Te contaré por qué no queremos nada del Gobierno. En el mes de abril del año 1921, cuando llegaron a nuestras tierras, querían imponer a nuestras mujeres que no usaran sus vestimentas, no dejaban que usaran el aro de oro de la nariz, los abalorios, los güines ni los collares de monedas. Intentaban erradicar nuestra cultura.

Yo escuchaba detenidamente su relato, sentados uno frente al otro.

—En una ocasión, nos llegó una mujer huyendo desde la comunidad de Nargana. Había sufrido maltrato por parte de los colonos y, como pudo, escapó por el río Azúcar. Mientras, las autoridades panameñas mantenían a sus hijos y a su yerno encarcelados: de esta forma obligaban a la mujer a que regresara. Los policías, viendo que pasaban los días y la mujer no regresaba, tomaron la decisión de soltar al yerno para que fuera a buscarla, pero manteniendo a sus hijos en cautiverio. —De repente, detiene el relato, se levanta, toma un respiro; es notorio que el recordar los eventos no le resulta fácil; se vuelve a sentar y, con voz pausada, mirándome fijamente a los ojos, retoma el relato—. En ese momento realizábamos el gran congreso. Cuando la mujer llegó donde nos encontrábamos reunidos, nos contó sus vivencias y, al escucharlas, tomamos la decisión de no dejar partir a la mujer. En su lugar se envió un mensaje a los policías para que «no la buscaran».

Yo escuchaba detenidamente lo ocurrido y pude entender la animosidad y desconfianza del pueblo guna contra los colonos, la Policía Nacional y el Gobierno panameño. Quedándome tranquilo, escuché la historia que vivió este pueblo en años recientes, y descubrí lo importante de la información que me estaba confesando. Él continuó.

—Pero no se obedecieron las órdenes que los

jefes presentes en el congreso enviaron a los policías colonos y a los policías indígenas, procediendo a intentar detener a más parientes de la mujer. Como consecuencia, se originó una gran batalla en la que murieron tres personas de río Azúcar y dos policías indígenas, y hubo varios heridos. Fue una guerra sin cuartel. A los guardias indígenas fallecidos en la reyerta los amarramos en palos que clavamos en la arena y se llamó a sus familiares mujeres para que vinieran a buscarlos. No vamos a dejar que nos quieten nuestra cultura y nuestra tierra, estamos dispuestos al confrontamiento, Mr. Marsh.

—Le reitero el agradecimiento por contarme lo ocurrido, jefe Kantule.

—En dos semanas, se llevará a cabo el gran congreso en la comunidad de Ailigandí. Usted va ser el primer no indio en participar; con esto le estoy comunicando que nos honrará con su presencia.

—Le agradezco el honor que me otorga, y a mi pueblo, de poder participar en su congreso.

En las siguientes dos semanas, observé los preparativos del congreso y atendía los avances de los estudios que realizamos, recorriendo las diversas tribus de la región del Darién con los científicos. Cada vez que llegábamos a una comunidad, nos esperaban y nos atendían prestando la ayuda necesaria, solo por tener el consentimiento del gran saila. Pero, a pesar de que se tenía la anuencia de Kantule, no podíamos ver a los indios blancos. Siempre que se le preguntaba a los gunas si conocían a algún indio blanco, quedaban en silencio o se mostraban ariscos. En contadas ocasiones, me decían que eran *magic wallas*, hombres fuertes de cabello amarillo con poderes mágicos. Ellos viven en el recóndito valle del Chucunaque, viven en el territorio que no visitan los gunas, ni los colonos ni los negros.

Dos días antes del congreso indígena, estábamos departiendo con los jefes gunas Nele Kantule, Simral Colman e Ina Pagina, y toma la palabra Kantule:

—La sistemática erradicación de nuestro pueblo una vez que se creó el Estado panameño fue feroz, tuvimos que desplazarnos a tierras que no son productivas. Igual que en la época en que llegaron los españoles, los Gobiernos actuales nos quieren exterminar, sentimos la discriminación, el racismo, nos quieren expropiar nuestras tierras sagradas, donde tenemos enterrados a nuestros ancestros, eliminar nuestra historia, lengua y cultura. Vas a participar en nuestro congreso y podrás escuchas de todos los jefes de las cuarenta y cinco tribus las experiencias y lo que deseamos para nuestro pueblo.

—Kantule, estoy muy complacido de que me considere digno de participar en su congreso.

Llegado el momento del congreso en Ailigandi, me dieron la oportunidad de participar. Mi discurso era traducido. Observaba que los distintos jefes y los participantes asentían con sus cabezas, aprobando lo que les decía de forma muy pausada para tener la certeza de que fuera bien traducido y asegurarme de que fuese lo que quería expresar.

—El canal está muy cerca de sus comunidades, es la vía importante para el comercio mundial. Ustedes no tienen derecho sobre las tierras si no las están utilizando y son buenas para cualquier actividad comercial. —Después de dicho esto, sentí las miradas fijas sobre mí, los jefes se miraron y decidí proseguir el discurso—. Deben aprender del blanco los secretos de la civilización, para no sucumbir ante el enemigo y sus aliados negros. Deben recibir atención médica y tomar educación, aprender para saber vencer al enemigo. Ustedes admiran a mi pueblo, seré su vocero ante el Gobierno estadounidense. —Se escuchan aplausos en el gran recinto donde nos encontramos y continúo hablándoles a los jefes—. Tengo a los científicos en la comunidad en estos momentos. Ellos no han podido realizar las investigaciones, ya que ha sido imposible contactar con los indios blancos.

Además, muchos de ellos se encuentran enfermos para adentrarnos a la selva y buscarlos donde viven. Se pueden imaginar que se divulgue que entre los indios darienitas hay quienes tienen la piel blanca como nosotros, los norteamericanos. Les digo que sería interesante que pudiéramos llevar indios blancos a los Estados Unidos: esta cercanía o acto de buena voluntad mejorará las relaciones de los indios gunas y mi pueblo. Pediría a mi pueblo que su bello territorio fuera separado como una reserva, que fuera inviolable, donde ningún panameño o compañía estadounidense pudieran explotar.

Al terminar, el jefe Ina Pagina se me acerca, se pone a mi lado, me agradeció las palabras y se ofreció hablar con los jefes de mi interés con los indios blancos, que podría tener respuesta al final del gran congreso.

Parece que me gané la confianza al expresar mi sentir y decirles que conseguiría un mejor trato entre los Gobiernos de Panamá y los Estados Unidos. Esperaba que me pudieran ayudar en lo que hacía un tiempo estaba buscando, los indios blancos.

En la noche, salí a fumar, y se me acerca Simral Colman.

—Buena noche, Mr. Marsh, ¿cómo vio el congreso?

—En el día de hoy comprendí muchas cosas de su pueblo, Colman.

—Le contaré la historia de los indios blancos, en los que tanto interés usted tiene y que en muchas ocasiones me ha dicho: ¿No los volveré a ver? —En ese momento se sienta justo a mi lado—. Escuche, Mr. Marsh, la historia que le voy a contar. Mucho antes de que llegaran los hombres con cascos, montados sobre sus caballos, había muchos indios blancos entre nosotros. Pero los malos tratos recibidos por los blancos conquistadores nos enemistaron y, después de sacarlos de nuestro territorio, nuestro pueblo no soportaba ver una cara blanca, aunque fueran de nuestro pueblo. Matamos a muchos, y otros por seguridad huyeron a refugiarse en las montañas y las selvas. Pero eso no fue todo. De los indios de piel oscura nacían niños de piel blanca. Los padres escondían a sus hijos, retirándose a las montañas para protegerlos. Pronto se estableció la ley donde se prohibía casarse con los indios blancos, pero los niños blancos seguían naciendo de madres de piel oscura.

—Ahora comprendo por qué no veo indios blancos en sus comunidades.

La conversación con el saila Simral Colman, para conocer de la historia y las vicisitudes de los indios blancos continuó un buen rato aún.

—Gracias, Colman, por contarme la historia de los indios blancos.

El congreso se extendió por veintiséis días, en plena disputa para llegar a un acuerdo se proclamó la republica de Tule y se fijaron los límites territoriales. Se presentó la bandera de la nueva república, confeccionada por Waga

Ebinkili, nieta del cacique Simral Colman.

En la euforia de los participantes, toma la palabra el saila Nele Kantule. Su rostro resplandece, sus ojos son dos espejos que reflejan mucha emoción. Y dice, con voz temblorosa:

«Así como las avispas defienden hasta con su vida su hogar, así como las serpientes defienden su nido poniendo en peligro su vida y así como el alacrán defiende su guarida del enemigo, debemos nosotros defender nuestra tierra, hasta con nuestras vidas».

Corre la voz de alerta, el gobernador de Colón ha advertido a las autoridades de la sublevación de los pueblos indígenas, hechos notificados por el intendente de San Blas, el señor Andrés Mojica. Las noticias no son bien recibidas por los gobernantes. Se comunica la presencia del grupo norteamericano que lidero yo, Richard O. Marsh, que he participado en el Congreso, y se informa de la proclamación de la naciente República de Tule.

En las tribus había gran conmoción por el establecimiento de la nueva república. Los indios decidieron tomar venganza por sus propias manos, viajando hasta las comunidades de Playón Chico, Río Tigre, Narganá y otras, donde se ejecutó a los policías que estaban en sus cuartes. El saldo fue de varias decenas de policías muertos.

Se viven momentos difíciles y nos encontramos atrapados en medio del conflicto. Muchos de los científicos sufren enfermedades graves. Con esta preocupación, llego a la comunidad de Portogandí en horas de la tarde. El verano proporciona una visión muy distinta, observo detenidamente la comunidad en la isla: se me hace un lugar interesante. El poblado me recuerda los de Indonesia. Al ir acercándonos, observo varias balsas que salen a nuestro encuentro, colocándose a nuestro alrededor.

Llegamos al lugar previsto para nuestro desembarque. Me traen a un muchacho aproximadamente de catorce años. Quedé parado observando el contraste de los indígenas con el chico. Su cabello amarillo brillante, su piel blanca como la de un sueco y los ojos marrones con estas facciones. Era evidente la diferencia con el resto de los indios. No salía de mi asombro, tanto tiempo pidiendo que me llevaran donde los indios blancos y ahora me traían de forma tan complacidamente al joven con notables características de ser un indio blanco.

A la mañana siguiente, llegaron gran cantidad de indios más; algunos, de las montañas; otros, por los ríos. La afluencia de tantos indios blancos me provocó la pregunta «¿Esta movilización a qué se debe?». Fue cuando se me acercan y me dicen que están atendiendo la llamada del saila Nele Kantule.

Se anunció después del congreso que la discriminación a los indios blancos terminaba, como también la prohibición de casarse con ellos. Se restablecieron sus privilegios como ciudadanos de la nueva República de Tule. Fue cuando comprendí el porqué de la llegada hasta donde estábamos nosotros. Los indios blancos pasaron de ser despreciados a ser los seres más importantes de la comunidad, por el interés que tiene en estos momentos el acercamiento con el Gobierno Norteamericano y establecer relaciones con la naciente República de Tule.

Dos meses duro el establecimiento de la República Tule, pronto se firmaron acuerdos entre los Gobiernos de Panamá, Estados Unidos y el pueblo Guna. Nuestra salida se dio de forma abrupta, llevándonos con nosotros cuatro indios blancos y generando gran conmoción a nuestra llegada por parte de los periodistas en la ciudad de Nueva York.

Capítulo V

Ferrocarril interoceánico

Tres integrantes de una familia embarcamos con destino a tierras lejanas en búsqueda de una vida mejor. En la aldea, las guerras, los grupos criminales, el desalojo de las tierras a los campesinos y los altos impuestos habían llevado al abandono de la agricultura, trabajo que realizara la familia Qing por generaciones.

El movimiento social trajo como

consecuencia la hambruna, enfermedades y un descontento general. Surgieron varios grupos rebeldes de alta peligrosidad, y en muchas ocasiones llegaron hasta nuestra casa para que formáramos parte de la rebelión de Taiping. Una noche, por los caminos cercanos, Lin Qing fue emboscado y lo mantuvieron retenido, sufrió las peores torturas, pudo escuchar y ver cómo eran asesinados otros secuestrados. No tenía ninguna esperanza de salir con vida del secuestro.

En la familia llegamos a pensar que le había ocurrido lo peor. Pero, para el cuarto día, divisamos a lo lejos cómo se acercaba a la casa con paso lento. Su rostro estaba desfigurado, irreconocible. Las semanas siguientes, Lin no hablaba. En muchas ocasiones, amanecía sentado con la mirada perdida. Mucho tiempo después, Lin supo que la familia había pagado su rescate y se habían hecho con una deuda para salvar su vida. Fue por el pago del rescate que no terminó como muchos otros que compartían el cautiverio con él.

Una mañana, al salir del templo, nos hicieron llegar unos panfletos que solicitaban hombres para trabajar en tierras de América. Las promesas incluían un salario fijo, templos para la adoración de nuestros dioses, conseguir dinero para el pago de la deuda que tenía la familia por el rescate del cautiverio. También, que nos surtirían de opio era una de las promesas ofrecidas para los que decidíamos realizar el viaje. Este último beneficio fue el motivo por el que tomé la difícil decisión, dejar la familia y partir al otro lado del mundo. En estos momentos, en China era imposible conseguir el opio por las nuevas leyes establecidas. Además, la decadencia económica a consecuencia del cerco que nos tenían los reinos de Occidente imposibilitaba tener un trabajo estable con los beneficios de aquella oferta.

Pensaba, en un principio, que muchos de nuestra familia nos decidiríamos a partir, pero solo tres abrazamos la oportunidad de viajar muy lejos del hogar, persiguiendo una estabilidad económica y poder enviar recursos a los familiares que se quedaban en China. Teníamos temor de que cualquier día apareciéramos ahorcados en uno de los árboles a la orilla del camino, como muchos de nuestros conocidos y vecinos de nuestra aldea, por negarnos a participar de las bandas criminales. El miedo se apoderó de nosotros y decidimos que era mejor partir.

Mientras tanto, en América, la necesidad de culminar la construcción de una obra requería conseguir muchos trabajadores de paga barata. La compañía confrontaba problemas financieros en las últimas fechas para terminar el proyecto, que traería beneficio para la región, con el movimiento de mercancía y el traslado de personas del este al oeste y viceversa.

Los tres integrantes de la familia Qing fuimos al muelle de la ciudad de Swatow, y nos despedimos de padres y hermanos. Al alejarse el barco de la costa, vimos cómo el río Ting se hacía más y más chico, hasta que dejó de ser parte de nuestra realidad. Ahora, nos tocaría ver otros ríos, sabanas y mares.

La travesía trasatlántica duró meses, y pronto supimos que lo prometido no sería entregado. El primer desengaño ocurrió en la misma embarcación, donde la sobrepoblación hacía estragos en nuestra precaria salud. El área no era higiénica y había escasez de alimentos, resultando el detonante de distintas enfermedades, imposibles de ser atendidas. Como resultado, fueron setenta y dos las defunciones. La experiencia más desgarradora fue ver morir a mi hermano Lou en mis manos, sentir cómo su espíritu se iba alejando de este mundo. Este hecho detonó mi cambio de personalidad, a partir de esa vivencia ya no era el joven que tenía sueños por alcanzar, cayendo en graves depresiones difíciles de manejar. Ya no sería el mismo, sentía culpa por lo sucedido. Al estar lejos de los míos y saber que él no cumpliría la promesa hecha a mis padres, mi corazón se partió en mil pedazos. Mi primo Lu cada vez estaba más ausente. Todos en ese barco nos sentimos impotentes, presas fáciles de lo peor para un ser humano, ¡la muerte!

A nuestra llegada, nos dieron las indicaciones del trabajo y muy pronto supimos que a los migrantes chinos nos llamaban «culís», que significa 'mano de obra de escasa calificación', éramos simples cargadores. Estábamos destinados a abrir trochas, en un área inhóspita que nos reducía la vida poco a poco. A cada milla que adelantábamos, eran menos las fuerza que sentíamos. El cuerpo humano se iba menguando ante lo inhóspito de esta naturaleza.

En días que estuvimos allí, en la construcción del ferrocarril trasatlántico, cuando no nos llovía torrencialmente, el sol nos abrasaba. Cada día éramos menos los trabajadores; el sofocante calor y las torrenciales lluvias prolongadas hacían el trabajo de acabar los cuerpos de los hombres.

Se trabajaba dentro de las aguas hasta

tres pies de profundidad y siempre se requería un gran número de trabajadores. Las enfermedades como el cólera y la malaria cobraban muchas vidas. Una de las víctimas fue mi primo Lu Tang. Ahora estaba solo en aquel paraje que nada me inspiraba, solo me quedaba recordar a los míos, que estaban muy lejos.

La prometida dosis de opio pronto fue vetada, el tiempo para la alabanza a nuestros dioses se restringió mucho, se necesitaba terminar la obra, las cuarenta y ocho millas desde la costa del océano Pacífico al mar Caribe.

P. D.: Mientras Lin Qing daba su último aliento, recordaba a su primo Lu, y habló con su hermano Lin. Vio cómo el río Ting se hacía más grande y escuchó su canción justo cuando pasaba el «caballo de hierro» interoceánico en la tierra de Matachín.

SCAN
ME

Capítulo VI

Paul Gauguin, el trabajador del canal francés

Al momento de nuestra llegada, nos encontramos con un ir y venir de mercaderes, trabajadores exhaustos. Salimos de Francia en búsqueda de lo simple y lo que encontramos fue una ciudad donde el bullicio era constante, sin discriminar si era de día o de noche, no había sosiego en este lugar. Coincidimos con la llegada de las más grandes máquinas imaginables, creadas y diseñadas para abrir el gran canal que serviría al comercio mercantil mundial. Debo admitir que me sentí fuera de lugar desde el primer momento. Nos despedimos de las pocas amistades que hicimos en el vapor que por dos meses y medio compartimos antes de llegar a tierras americanas. Al desembarcar, me dispuse a tomarme un tiempo y observar el movimiento de los habitantes y los visitantes que llegaban.

—Paul, muévete, debemos llegar al hotel.

—Vamos, Charles.

Hace unos años llegó hasta aquí el ilustre vizconde Ferdinand de Lesseps. Él se había ganado un prestigio al dirigir la construcción del canal de Suez y ahora quería consolidar su hazaña en estos parajes. Cuentan que no fue tarea fácil la aprobación del proyecto en el Congreso francés, donde se dieron debates entre conocedores de ingeniería. Solo bastó que el carismático vizconde De Lesseps se presentará ante la audiencia y con lenguaje sencillo, proyectando seguridad, y ante un mapa explicará a la audiencia el ambicioso plan. Los presentes, alucinados con la explicación ofrecida y la presencia del vizconde, fallaron a su favor.

La actividad de obtener el capital estaba en proceso, las acciones del proyecto canalero fueron mucho más fáciles de vender con el aval del Congreso. Se creó la compañía Sociedad Civil Internacional del Canal Interoceánico de Darién, «Es el momento apropiado para invertir en la gran obra», se decían los inversionistas. El movimiento de la compra y venta de las acciones era en estos momentos la mejor inversión, se convirtió en el proyecto en el cual todos querían invertir. Pronto llegaron los buscadores de nuevas oportunidades: estar en América en el preciso lugar donde se llevaba el mayor movimiento económico representaba toda una aventura.

A mi amigo Charles Laval y a mí nos atrajeron otras cosas, esas imágenes de las postales, los paisajes de exuberante de vegetación, árboles antiquísimos, frutas tropicales, ríos caudalosos, montañas agrestes del área tropical. En este estrecho lugar del mundo, en pocas horas podíamos divisar ambas costas al tomar el tren trasatlántico.

Nosotros llegamos en búsqueda de lo simple, lo primitivo, para alejarnos del bullicio de las grandes ciudades de Europa. Fue, además, la insistencia de mi hermana Marie y de su marido Juan por la que llegamos a este lugar. Lo que menos deseaba era ser reconocido, buscaba el anonimato, trataba a toda costa de no frecuentar los lugares donde estaban mis coterráneos, «los franceses». Situación difícil en ese lugar y en esos momentos. Ya en la embarcación, fuimos reconocidos y, al poco tiempo de estar en estas tierras, me abordaron en las calles, preguntándome si era Paul.

Pasamos esa primera noche en la casa de mi hermana, a pesar de que estábamos instalados en un hotel. Ella no resistía que estuviera alojado en un hotel. Le dije que no se preocupara, que lo que menos deseaba era incomodarlos. Ella estaba feliz porque al fin habíamos decidido llegar hasta aquí. Compartimos los cuatro la cena: mi amigo Laval, Marie, su esposo y yo. Nos explicaron cómo eran las cosas en aquellos parajes, lo que les agradecimos.

Tratando de encontrar un lugar más tranquilo, conocí la maravillosa isla y me enamoré de su gente, de su vegetación, y me radiqué allí, en una choza lejos del pueblo, y reinicié la actividad con mis pinturas; pero no había inspiración, solo pude realizar algunos bocetos.

Pronto quedé sin dinero y era necesario buscar un trabajo. Mi intención era no pedirle a mi hermana, por más que ella insistía en ayudarme. La única fuente de trabajo era el proyecto del canal. Los subcontratistas estaban a la caza de nuevos trabajadores, y así fue cómo quedé trabajando en la futura vía acuática, metido en la gran zanga. Fueron momentos difíciles, se iniciaba el invierno y se agudizaban las enfermedades contagiosas, como la fiebre amarilla y la malaria. Al aumentar la cantidad de trabajadores en el proyecto, aumentaban los contagios y las muertes.

La naturaleza, que seducía dándose como regalo para que fuera apreciada con su reverente majestuosidad, se resistió al sometimiento del hombre y a la maquinaria, pero en reiteradas ocasiones quedaba rendida debido a las detonaciones provocadas por los explosivos para someterla a los caprichos y deseos del hombre.

Se dio una espiral de hechos en un corto tiempo de manera inesperada. La compañía despidió a los empleados por falta de fondos monetarios. Estalló el escándalo de corrupción más grande de la época: la noticia de que se habían realizado compras con sobrecostos de los equipos y materiales, el suicidio del financista de la empresa Jacques de Reinach, la corrupción, las enfermedades y los miles de muertos dieron al traste con el proyecto.

Estaba nuevamente sin recursos, sin trabajo, varado en aquellos parajes que no tenían nada que ver con las postales maravillosas de palmeras y playas de aguas azul turquesa. Nos encontramos con algunos conocidos del vapor. Para nuestra sorpresa, nos comentaron que se quedaban en ese lugar, habían logrado establecerse y realizar comercio en esas tierras. Nosotros partíamos a los pocos días, no habíamos logrado la inspiración para realizar nuestro arte, no localizamos los paisajes de las postales, solo esperábamos que nos llegara un dinero para tomar el primer barco y zarpar.

Las buenas noticias llegaron en el momento preciso: se instituyó la política del «derecho de retorno», que ofrecía la oportunidad de retornar para los nacionales franceses que se encontraban parados y en quiebra en las colonias francesas. En pocos días, conseguimos partir. Mi hermana, Marie Gauguin, y su esposo, Juan Uribe, nos fueron a despedir al muelle. Los abrazos no se hicieron esperar. «Nos vemos en Francia, Paul y Charles». Nuestro destino era arribar a Martinica y hacer uso del beneficio para regresar a Francia.

Capítulo VII

Sueño cumplido

Hoy culmino mi primer ciclo escolar, el momento de vítores por terminar una etapa de la vida. Para muchos de los adolescentes de mi pueblo, es la cumbre de su educación. Muchos de mis amigos empiezan a trabajar en empresas familiares; otros, a dedicarse a formar una familia y a los cuidados del hogar. No hay oportunidad de seguir los estudios. Al llegar a casa, les expresé a mis padres que deseaba seguir los estudios en la recién terminada Normal de Santiago. A papá no le gustó la idea y, de forma radical, me planteó que de ese tema no se hablara más.

No podía comprender cómo no me dejaba continuar los estudios, pero era incapaz de enfrentar a mis padres. Esa noche, no pude dormir. Mi sueño era seguir estudiando y realizarme como maestra, convertirme en esa persona que enseña a leer y escribir, aprendizaje que para mí es el mejor regalo que puedo ofrecer a un niño y que quizás a mis estudiantes, sean hombres o mujeres, les pueda cambiar sus vidas para algo mejor, que lleguen a ser médicos o maestros, ingenieros respetados o quizás abogados o escritores famosos que ganen muchos premios a nivel nacional e internacional.

Comparto la habitación con mis dos hermanas mayores. Su destino fue distinto al mío, solo llegaron a culminar los estudios primarios. No tuvieron la posibilidad de seguirlos, se quedaron en casa, realizando labores del hogar, al menos durante un tiempo, hasta que encontrasen un trabajo.

Temprano en la mañana, se me acerca mi hermana Berta.

—Sé que estabas llorando en la noche y no podías dormir. No te preocupes, yo te pagaré la Normal en la ciudad de Santiago.

Mi reacción fue abrazarla fuerte, pero pronto reaccioné y recordé las palabras de mi padre, «Ya no se habla del asunto».

—Papá dijo que de eso no se hablara, ¿recuerdas?

—No te preocupes —se me quedó mirando fijo, me pasó su mano por la cabeza, tomó mi cara con sus dos manos, se me acercó, me miró fijo y me dijo—: de eso me encargo yo, hablaré con él, no te preocupes. Tú, desde hoy, debes sentirte que eres estudiante de la Normal de Santiago.

Mi hermana es la más inteligente de todos los hermanos. Ocupó el primer puesto en la escuela primaria y, al terminar los estudios en el pueblo, se quedó en casa. Luego consiguió un trabajo en la estafeta de Correos y, desde ese entonces, está trabajando allí.

El tema del estudio no se habló en casa. Revisando el diario, dos semanas después de la conversación con mi hermana Berta, me encontré con el anuncio de que se habían culminado los trabajos de construcción en la Normal de Santiago. Anunciaban que el año siguiente se iniciarían las labores académicas. Los ojos se me llenaron de lágrimas al pensar que no podría seguir los estudios, esperaba con mucha desazón la llegada de mi hermana de su trabajo; cada hora, la ansiedad era mayor, hasta que la vi doblar la esquina de la avenida. Se veía cansada. Cada paso que daba, mi corazón latía más fuerte. Esos minutos para mí fueron horas. Llegada a la casa, la abordé.

—Cómo fue el día de hoy— se notaba el cansancio en su mirada.

—Mucho trabajo, espero con ansias la próxima semana, que tengo el turno de la noche y es más tranquilo.

—Te muestro lo que publicaron hoy en el periódico.

—No te preocupes, hablé con papá hoy antes de irme a trabajar y dijo que, si yo me responsabilizaba del pago, te daba permiso para estudiar Magisterio.

—¿Te vas a hacer cargo de mis estudios? —Saltaba de la alegría, la abrazaba.

—No te preocupes, Lilia, yo me realizaré al verte un día salir con el título de maestra. La otra semana viajaremos a Santiago para inscribirte en el internado. Procura tener todos los papeles arreglados.

El día del viaje, teníamos a disposición una persona que nos acompañaría, a quien nuestro padre encomendó nuestro cuido. El camino se me hizo largo. A nuestra llegada, ya en la entrada, se encontraban muchas personas esperando que las atendieran. En pocos minutos se abrió el recinto educativo, se veía muy amplio. El edificio contrastaba con el área. Quedamos maravilladas al observar las instalaciones del interior. Ya el asombro de ambas del exterior lo habíamos asimilado, era una infraestructura imponente en el lugar.

Fuimos atendidas y expresamos mi intención de seguir los estudios en la Normal y la necesidad de tener un espacio en el internado. Vivíamos a dos horas y sería imposible viajar todos los días. Paso seguido, se procedió a la reserva, presentamos toda la documentación que nos solicitaba la secretaria y esta procedió a entregarnos la lista de los artículos necesarios para que llevara el primer día de clases. Acto seguido, nos dirigimos a donde se estaban vendiendo los uniformes y compramos lo necesario.

De regreso a nuestro pueblo, al llegar a casa, encontramos a la abuela Carmen, que no aprobaba mi partida para seguir mis estudios, estaba frente a papá, de espaldas a nosotras, que nos encontrábamos en la puerta de la entrada de la casa y pudimos escucharla que le decía.

—Tú sabes, Manuel, muchas de esas se la pasarán leyendo novelas de Corín Tellado en el internado. Manuel, ¿te imaginas un internado donde hay hombres y mujeres juntos?

—Ya di mi palabra, mamá.

—Pero puedes decir que no ahora, que lo pensaste mejor.

—No quiero hablar más de este tema.

Acto seguido, ella giró y se encontró con nosotras en la entrada, nos pasó por delante, ignorando nuestra presencia, y se marchó murmurando. Quedamos cual dos estatuas esperando el comentario de papá, que solo nos preguntó cómo nos había ido. Y le explicamos con todo lujo de detalles lo acontecido.

Llegado el día, nos dirigimos a la Normal de Santiago mis hermanas Berta y Luz, y yo. Mis padres nos acompañaban. Mi papá estuvo callado todo el camino. A la llegada al recinto, se mantenía en silencio. Se retiró del grupo familiar, observó el edificio de estilo barroco, se movió hasta la antesala. Miraba detenidamente todo. Su caminar pausado, sus manos agarradas a la espalda, miraba a la izquierda, movía la cabeza lentamente hacia la derecha, sus ojos recorrían todo a su alrededor.

A la hora de la despedida, me abrazaron. Primero fue mi madre; luego, mis hermanas y, por último, mi padre me ofreció un fuerte abrazo que no lo olvidaré jamás. Él no era de dar muestras de sentimientos. Y me dijo al oído:

—Ya estás aquí, se lo debes a tu hermana Berta, no la decepciones.

—Te prometo que pondré todo el empeño. Gracias por acompañarnos.

Se separó de mí y asentó la cabeza dando la aprobación a mi respuesta.

Una vez más, mi hermana Berta me abrazó, me deseó lo mejor.

—Se que vas aprovechar la oportunidad, Lilia.

—¡Te lo agradezco tanto, Berta!

—Solo tienes que estudiar.

Acto seguido, dieron la orden a los estudiantes para que nos retiráramos. Una vez los estudiantes se fueron a sus habitaciones, informaron a los familiares que en una hora se procedería a ir a la iglesia, y que les gustaría que se quedaran para que participasen del acto que habría a continuación.

—Los normalistas no saben que a ustedes los estamos invitando, será una sorpresa para ellos.

A las diez y treinta de la mañana, los estudiantes salimos de la Normal caminando hacia la iglesia Santiago Apóstol para escuchar la homilía. El pueblo en pleno y los padres de familia se apostaron a lo largo de la calle principal, observando a los jóvenes, hinchados de alegría, sus ojos eran luces brillantes, se veía el reflejo de muchas emociones en nuestros rostros al sentir tanto júbilo, lo que arrancó de los presentes aplausos, saludos y vítores de regocijo. No tenía conocimiento de lo que estábamos por presenciar, me llenó de emoción todo lo que vivía, no pensé llegar a experimentar esos sentimientos. De seguro, aquello sería para mejorar la condición de vida que teníamos hasta el momento, llorábamos de la alegría los estudiantes y nuestros familiares estaban apostados en las aceras de la ciudad de Santiago. Fue la mejor sorpresa que nos pudieron ofrecer a los estudiantes

Al llegar a la iglesia, nos ordenamos para nuestra entrada, todo se convirtió en un momento especial, ceremonioso, propio del acto y la seriedad de la toma de decisión de seguir el camino de la enseñanza. Éramos como soldados, estrenando el uniforme de la erradicación del analfabetismo: las mujeres, faldas de color azul con tirantes y gorrito del mismo color, con camisa blanca; los varones, pantalón azul y camisa blanca.

Los padres se apostaron en la parte de atrás de la iglesia, que estaba repleta. Terminada la misa, nos retiramos a las inmediaciones de la Normal, donde nos hicieron calle de honor a los estudiantes. En ese momento llegó el presidente, Juan Demóstenes Arosemena, acompañado de doña Malvina Galindo de Arosemena y su comitiva, y su llegada se aplaudió con entusiasmo.

Nos hicieron entrar al aula máxima, donde ya se encontraban el clero, el cuerpo diplomático y personalidades importantes. Acto seguido, se impuso la medalla por parte del presidente de la República al ingeniero Luis Caselli, a quien el gobernador declaró «benefactor de Veraguas e hijo predilecto de la ciudad de Santiago».

Con la ayuda de hojas puestas en las sillas, se nos invitó a cantar el himno al maestro: «Gloria al ser abnegado que cuida con amor de la patria, salud al que pone la luz de la vida en el alma de la juventud (…)». Posteriormente, cantamos el himno nacional de la república.

Terminado el acto, nuestros corazones no soportaban una emoción más. Qué día tan maravilloso habíamos compartido con los padres de familia, nuestros futuros compañeros y la comitiva ejecutiva, el clérigo y el cuerpo diplomático durante el recorrido a las instalaciones del magno edificio. Llegada la hora de la verdadera despedida, primero partió la comitiva presidencial. El pueblo entero se apostó nuevamente en las aceras, deseándole al presidente un pronto retorno a su pueblo.

Mi familia regresó a nuestro pueblo. Mi padre permanecía en silencio. Llegando a la casa, comentó:

—Este día no lo olvidaré jamás —se limpió los ojos—, fue todo muy conmovedor, me sorprendió la llegada del presidente con su esposa. En tres años, tendremos en la familia una educadora. Gracias, hija, por ayudar a tu hermana. Hoy pude apreciar la importancia de la educación.

Capítulo VIII

La llamada

La lluvia es torrencial, suena el teléfono.

Me dirijo a la sala.

«Es raro que llamen a esta hora de la noche», piensa y se apresura a contestar.

—Dígame.

—No digas nada, escucha lo que te voy a decir con atención. —La voz del otro lado de la línea de teléfono es conocida—. Llama a nuestras dos hermanas, que la chica se vaya de inmediato para la casa de la mayor, no hay tiempo que perder. Una vez allí, que no salgan a la calle por ningún motivo y no se asomen al balcón, aunque escuchen algo extraño. Que todos se mantengan unidos dentro de la casa de la hermana mayor. Por favor, no preguntes y no menciones nombres.

Procede a realizar su encargo. Primero, avisa a la hermana menor, «Me llamó nuestro hermano, ordena que tomes lo necesario y te dirijas de inmediato para la casa de la hermana mayor, no hay tiempo que perder». Acto seguido, llamó a Alicia, la mayor, «Tu hermana debe de estar llegando con la familia, se dirige a tu casa por indicaciones ya sabes de quién. Me dijo que no se asomaran por el balcón y se mantuvieran encerrados en la casa. Espérala. Y recuerda, no salgan y no se asomen al balcón».

Bastaron veinte minutos y llegó Eneida a la casa de Alicia. Procedieron a acostar a los niños. Fue a solo media hora de la llamada de su hermana María desde el interior de la república que se escucharon sirenas de patrullas, tiros, pasos de personas corriendo y voz de mando ordenando que se detuviese a las personas que estaban en la calle. En ese momento, Daniel, el esposo de Alicia, dice

«Tírense al piso» y todos quedan sentados en el piso, al lado de las camas de los niños.

—Daniel, vamos a sintonizar alguna emisora, para ver si podemos escuchar alguna noticia de lo que está sucediendo.

—¿Estarán dándole un golpe de Estado?

Se escuchaban tiros para los lados de la Presidencia de la República.

—Oh, Dios, al fin logré sintonizar una emisora.

Escuchan atentamente:

—En la zona de Chiriquí y Bocas del Toro, las tropas, comandadas por el mayor Ernesto Martínez Salazar, hacen el pronunciamiento de la separación del cargo al presidente, el doctor Arnulfo Arias, tras el alzamiento militar.

Entre sollozos, las hermanas elevan plegarias.

—¡Ay!, ¿cómo estará el hermano? —Cierra los ojos y se pone las dos manos tapándole la cara—. ¡Señor, que no le pase nada!

—No te preocupes, Alicia —toma la cabeza de su hermana y se la lleva hacia su pecho, la abraza—, todo va a salir bien, no te preocupes. No debes ponerte así. Tratemos de escuchar qué más dicen en la radio.

—En el área de Veraguas, el encargado de la zona policial, el teniente coronel José Ramos Bustamante, se suma al movimiento para derrocar al presidente, el doctor Arnulfo Arias. Proseguimos con la programación regular, estaremos informando.

Mientras, en la calle, en las inmediaciones del palacio presidencial, se siguen escuchando disparos, una gran detonación, seguida de otra cerca de la casa, y después un silencio sepulcral. Les embarga una sensación macabra. Regresan al cuarto con los niños y se sientan los tres adultos en el piso, procurando que los niños no se despierten, situación que no se pudo evitar. Afuera, gritos, llantos. Ellos, en un tercer piso, encerrados, pidiendo que terminaran pronto los disparos.

—La última detonación se escuchó muy cerca.

—Parece que fue en el parque, o en la estafeta de Correos y Telégrafos.

Al escuchar esto, Alicia rompe en llanto.

—¿Qué dije? Alicia, ¿por qué te pones así?, ¿qué dije para hacerte llorar?

—Hoy está de turno en la telegrafía la comadre Margarita. —En un movimiento rápido, sale del cuarto y levanta el auricular del teléfono—. No tiene tono.

La siguen, rompió en llanto nuevamente.

—No te preocupes no va a pasar nada, en la primera oportunidad vamos a ver si está en la telegrafía.

Pasada aproximadamente hora y media, se interrumpe la programación de la radio y anuncian:

—El mayor Federico Boyd, jefe del batallón Pumas en Tocumen, y el subteniente Luis Carlos Müller, con el tercer pelotón de fusiles de la compañía Pumas, se toman el palacio de las Garzas, recinto presidencial de la república.

Se escuchan fuertes detonaciones de armas de alto calibre. De pronto, se suspende la transmisión.

—Se cayó la señal de la emisora.

—Y, ahora, ¿cómo nos enteramos de lo que está pasando? —Se quedan mirándose, sin emitir una palabra—. Que no le pase nada a José, Dios, protégelo, y a Margarita también.

—Qué bueno que José avisara por medio de María, ¿te puedes imaginar cómo me encontraría yo ahora, si estuvieras en tu apartamento a dos pasos de la Presidencia?

—Ya, Alicia, no pienses en eso, aquí estamos seguros.

Ambas hermanas se abrazan y rompen a llorar.

—Tomen estos vasos con agua, y ya no se preocupen.

—Gracias, Daniel.

De pronto, unos pasos suben las escaleras.

—¿Quién puede estar subiendo las escaleras hasta el último piso, donde vivimos? Quedan mirándose, los corazones latían con fuerza, podían escucharlos.

Tocan a la puerta.

—¿Qué está pasando?, ¿quién podrá ser?

—Comadre, soy yo, Margarita.

En un movimiento rápido, Daniel se dispone a quitar los cerrojos, abre la puerta y ven a Margarita, y a su lado a un policía armado con casco y fuertemente armado, que les pregunta:

—¿Cómo están?

Al momento, Alicia toma de la mano a Margarita y la hace entrar al apartamento.

—Nos encontramos bien —le contesta Daniel.

—Manténganse a resguardo, no salgan, no abran hasta que estén seguros de quién les toca la puerta.

—Gracias.

Inmediatamente, cierran la puerta, ponen las cerraduras.

—Margarita, ¿qué pasó?, ¿cómo ves las cosas allá afuera?, ¿cómo están los compañeros de la telegrafía? —Alicia no deja de hacerle preguntas a Margarita, que no tiene posibilidad de contestar ninguna.

—Por favor, Alicia, deje que nos lo cuente — se escucha la voz de Daniel.

En ese momento, Margarita pudo hablar.

—Fue de repente, estaba atendiendo a un cliente cuando escuchamos las detonaciones, fuimos a cerrar las puertas, pero pronto llegaron los policías. Me dio un ataque de nervios, me mantuvieron retenida hasta que me calmé un poco, y entonces me preguntaron dónde vivía. Solo pedí que me dejaran llegar hasta aquí, y me trajeron. Uno se quedó abajo del edificio y el otro me acompañó hasta aquí arriba. La situación afuera está muy difícil. Cuando llegaron a la telegrafía me quitaron del control y, junto a los demás compañeros, nos tuvieron en una oficina todo este tiempo.

—Margarita…, ¡es un golpe de Estado!

No supieron en qué momento se quedaron dormidos, todos en el piso. No fueron muchas las horas que durmieron, hasta que los niños se despertaron.

En la mañana, todo estaba tranquilo. Se asomaron al balcón y observaron que estaban sitiados por agentes policiales. A las personas que estaban en las calles les pedían que se retirasen a sus casas. En esos momentos, se hacían requisas en las intersecciones.

Escucharon en la radio nueva información sobre lo acontecido:

—En horas de la noche, un grupo de militares llegaron a la casa del recién investido presidente Arnulfo Arias, y no lo encontraron, quedándose varios policías custodiando la residencia mientras otros se desplazaban en su búsqueda a las casas de otros familiares. Poco tiempo después, se conoció que el presidente había llegado hacia la una de la madrugada a una base militar de la Zona del Canal.

«¡Qué noche más larga la de este 11 de octubre de 1968! ¿Cómo estarán mis hermanas? Los teléfonos no funcionan», pensaba José, que estaba en su puesto de trabajo en Chiriquí.

A la mañana siguiente, en medio de una gran calma, se pueden ver curiosos en grupos pequeños contando lo sucedido. ¿A quién se le ocurre salir cuando se ha decretado la suspensión de los derechos civiles y constitucionales?

Los acontecimientos fueron consecuencia del descontento de un grupo de militares —específicamente de los mandos medios—. Solo tomó posesión el primero de octubre y arremetió contra los comerciantes extranjeros, lo pactado con los militares en el mes de mayo.

Cuando se reunió con el presidente saliente, Marco Aurelio Robles y el jefe de la Guardia Nacional, el general Bolívar Vallarino, se comprometió a respetar el escalafón castrense y las antigüedades de los miembros de la Policía Nacional. Pero las acciones del presidente fueron otras: después de tomar posesión por tercera vez del cargo presidencial, el doctor Arnulfo Arias empezó a realizar cambios inesperados en las trece zonas militares del país. Estos eventos provocaron el descontento, generando reuniones secretas por parte de los mandos medios de la Guardia Nacional, que fraguaron el golpe de Estado, liderado por el mayor Boris Martínez, los tenientes coroneles José Humberto Ramos Bustamante y Rubén Darío Paredes y otros militares. Así acabaron las acciones del presidente electo y constitucional con tan solo once días de haber tomado posesión del cargo.

En pocos días, se instaló la Junta Provisional de Gobierno, dirigida por los coroneles José María Pinilla y Bolívar Urrutia. Se gobernaba por decreto, las distintas cárceles se mantenían a su máxima capacidad con los adeptos al Gobierno recién repudiado en el país. Se reorganizó el estamento castrense, llevando a cabo los cambios en las distintas jefaturas de las zonas militares. De esta forma, se revirtieron los cambios abruptos del depuesto presidente. Se dieron los ascensos respetando las jerarquías y se mantuvo el escalafón en los mandos militares.

El ambiente que se vivía en esos tiempos en la población era de intranquilidad, muchas personas se escondían, muchos salían del país por miedo a un encarcelamiento o los largos interrogatorios, no se sentían con seguridad y pronto se dieron los autoexilios. Hubo cierres de medios de comunicación, los simpatizantes del presidente derrocado trataban de resistir. En las mañanas, muchas ciudades amanecían llenas de papeletas pegadas en las esquinas. En reiteradas ocasiones, se tiraban panfletos desde helicópteros, rechazando lo actuado por la Policía Nacional.

Ya habían trascurrido varios días, y las hermanas habían conversado con su hermano José en varias ocasiones. Este les comentó que se encontraba bien de salud, pero que aún debía de mantenerse en reserva. Una noche que María estaban en casa, tocaron a la puerta y, al abrir, se encontraron a José, mucho más delgado, pero bien. Entró presuroso, su estado de ánimo era de extrema ansiedad.

—¿Cómo se encuentran las hermanas?

—Todas estamos bien, no te preocupes, nosotras estamos preocupadas por ti.

—Voy camino a la capital, me ascendieron y tengo un cargo nuevo de mucha responsabilidad —mientras habla no deja de caminar de un lado hacia otro—. Me voy.

—¿Te preparo algo especial para que te lleves y puedas comer? —le preguntó María cuando caminaba ya hacia la cocina.

—No te preocupes, debo irme. No tengo confianza en nadie, ni en los guardaespaldas. ¿Sabes?, no estoy acostumbrado a tener personas pendientes de mí.

—Pero ¿por qué tienes guardaespaldas? —se quedó mirando hacia afuera, donde estaba parado un hombre en el portal de la casa.

—La nueva asignación lo merece, me trasladaron de Chiriquí a la capital y pasé para verte, María, y que llames a las hermanas en la capital y les digas que estaré más cerca de ellas. Me voy, tengo aun dos horas de camino, después hablamos —y, de la misma forma que llegó, como un soplo, se fue.

—Cuídate, nos mantendremos comunicados, les diré a las demás que pasaste por la casa y que estas bien —aseguró, y pensó que sería incapaz de comentarles el estado en que lo había visto, «qué estará pasando, solo pido que lo cuiden todos los santos».

La represión seguía, llevando la censura contra los que se oponían al Gobierno provisional. Las cárceles se mantenían llenas de estudiantes universitarios, políticos, empresarios y cualquiera que mostrara resistencia al golpe. Pero la situación interna en la Policía Nacional no escapaba a las contrariedades, las decisiones abruptas del mayor Martínez comenzaron a crear duras quejas dentro de las filas de la Guardia Nacional, al dar órdenes por encima del ahora general Omar Torrijos y creando desorden institucional y confusión en las funciones.

En la reunión de la mañana con los altos mandos, no se respetaba la jerarquía, se elevó el tono de las palabras, los guardias que permanecían fuera del recinto estaban en posición de alerta. Parece que el desorden institucional no se había erradicado con el golpe de Estado dado al presidente Arnulfo Arias.

Se escucharon voces con tono alto que expresaban molestia y recriminaciones sobre cómo se estaba actuando con la población.

—Ya está bueno de crearnos frentes de enemistad con políticos, profesionales, comerciantes, el clero, el cuerpo diplomático y los estudiantes. Continuamente se presentan quejas por parte de la población ante la situación de persecución a varios grupos de habitantes. No más esta actitud, hay que dar a saber cómo serán las cosas de ahora en adelante.

Dicho esto, el general Torrijos da un golpe fuerte en la mesa y se para. Acto seguido, el mayor Martínez lo manda detener.

—Respeta la jerarquía —lo increpa el general Omar Torrijos.

Salen de la oficina en silencio. Están conscientes de que los que se encontraban fuera habían escuchado las voces y las recriminaciones de los altos mandos.

Pasados varios días del incidente, el mayor Martínez anuncia por radio y televisión que «El Gobierno nacional inicia la reforma agraria bajo la consigna "Campesino de mi patria"». Esta declaración levantó altas expectativas de inseguridad por parte del sector empresarial. La declaración tomó por sorpresa al general Torrijos. El país vivía de sobresalto en sobresalto, no había estabilidad ni seguridad.

Estando en su oficina, dos días después de conocer las desavenencias entre el general Torrijos y el mayor Martínez, a José lo llaman para que se presente en una de las oficinas del cuartel central, a la presencia del general Torrijos. Así que fue allí desde la cárcel Modelo. Al llegar, observó la zona militarizada. Entró al despacho del general y presentó sus respetos ante los superiores que se encontraban. Le preguntaron:

—¿Con quién está usted? —se puso en posición de alerta, la pregunta le había sorprendido.

—Con mi institución —aseguró.

Acto seguido lo llevaron a un despacho adjunto, donde se encontró con otros militares. Pasado un tiempo, se enteraron de que habían sido apresados los mayores Boris Martínez y Humberto

Jiménez Aguirre y los coroneles Humberto Ramos Bustamante y Federico Boyd Chapman.

Los mantuvieron detenidos en la cárcel Modelo. Se descubrieron sus planes de fuga con la ayuda de algunos custodios y de reorganizase para tomar el poder y que el mayor Martínez se hiciera el jefe de la Policía Nacional. Conociendo lo que se estaba planeando, se toma la decisión de extraditarlos a los Estados Unidos el veinticuatro de febrero de 1969. Los cambios siguieron: se destituye del cargo de la Junta Provisional de Gobierno al coronel José María Pinilla, reemplazándolo por el ingeniero Demetrio Basilio Lacas.

Han transcurrido varios meses y los habitantes de Panamá se van acostumbrando a los cambios. Se percibe en la población el nuevo orden. Un año después, se plantea el encuentro de los hermanos. Era evidente que lo ocurrido había afectado en gran medida a José, no era la persona risueña que solía ser, a pesar de que estaba en una reunión familiar íntima, en más de una ocasión lo observaron salir y revisar los alrededores. Fue cuando pudieron corroborar que lo ocurrido sí le había afectado, se había vuelto desconfiado, ya no sería el mismo. Mucha gente tampoco.

Para muchos, los nuevos planes en la educación, salud y agricultura representaron una mejora para sus familias. Había calado en el corazón de la población lo que el general Torrijos decía en reiteradas ocasiones en sus discursos y entrevistas: «Lo que quiero para mis hijos, lo quiero para mi pueblo».

Capítulo IX

El cholo

Hay ansiedad y mucha expectativa en la Casa de Piedra, se preparan para ver el combate boxístico. Desde Nueva York, por vía televisiva, nosotros veremos al vecino en acción. En el barrio, era rutinario observar cada mañana cómo se entrenaba. Pasaba trotando con su grupo de acompañantes; después se concentrada hasta altas horas de la tarde, preparándose en el Neco de la Guardia.

Hoy, 26 de junio de 1972, es el gran día, un lunes perfecto para un buen inicio de semana. Se presenta Roberto Durán en el legendario Madison Square Garden. En el cuartel central no hay movimiento, cada minuto que se acerca la hora del combate boxístico, la ciudad se va quedando más vacía y silenciosa, hay pocos autos circulando, las personas que aún están en la calle caminan presurosas para llegar a su destino.

En las casas y lugares públicos, estamos frente a un televisor, en espera de la entrada del panameño al cuadrilátero. Inicia la función, llaman al retador, se aproxima al ring de boxeo con sus entrenadores, hondea la bandera panameña. En ese momento, leen el telegrama del general Omar Torrijos: «¡Roberto, todo el país está contigo!».

El vecino trabajó duro, lo vimos crecer. Su mamá no quiere ver el combate y se encerró en su cuarto temprano. Roberto solo tiene veinticuatro años y muy pocas peleas, le dicen «el prospecto» porque no tiene ningún título.

«¿Cómo pueden decir eso de él, si nos ha ganado a todos en los combates en el Neco?». ¡Ja ja ja! «Recuerdo la apuesta que le hizo el señor Rodríguez de noquear a su caballo. La aceptó, pero Roberto le dijo que solo lo iba a tumbar, y con un solo golpe sentó al caballo. Estoy seguro de que eso no lo sabe esa gente del norte, quiero ver sentado a ese Buchanan como al caballo de Gumersindo Rodríguez, de un solo golpe».

Me peleo un espacio delante del televisor. El árbitro los llama al centro del ring, «Quisiera estar en un combate también, cuando sea grande», pienso. Se retiran a sus esquinas. Tocan la campana para que los pugilistas midan su técnica y sus golpes. Pero la campana, aquí, en El Chorrillo, nos indica que todos nos quedemos como estatuas frente al televisor, no nos movamos no hablemos, estamos en un silencio absoluto en toda la ciudad.

Comienzan a narrar:

—Roberto Durán se enfrenta al campeón Ken Buchanan por el título mundial de los pesos ligeros, en una confrontación entre la furia y la técnica. Nos vamos hasta el legendario Madison Square Garden de la ciudad de Nueva York. Van a tener ustedes el gran placer, el honor, me atrevería a decir, de ver posiblemente al mejor boxeador latino de todos los tiempos. Nos estamos refriendo a Roberto *Mano de Piedra* Durán».

«Ese hombre sí sabe, ¿sabrá lo del caballo de Gumersindo?», pensaba yo. El contrincante, Kent Buchanan, cae de rodillas y pone las manos en la lona. «Acaba de iniciar, no lleva cinco minutos de combate, esto va a ser rápido». El árbitro le hace el conteo hasta el ocho, y el cholo se le va con todo.

Se acaba el primer asalto, y es un escándalo, al unísono, la gente grita, está contenta, piden cervezas. Todos son unos expertos, comentan la estrategia que debe montar el cholo Durán. Inicia el siguiente *round*, y vuelve el silencio total. Y así nos pasamos los doce asaltos, con silencio en el momento del combate y escándalo y comentarios de estrategia en cada descanso. Durán está dando una gran pelea, el escocés tiene la cara desfigurada y los ojos hinchados, y está recibiendo duro en la parte media del cuerpo.

Se inicia el decimotercer asalto. «Pensé que esto iba a ser un, dos y tres; pero Buchanan se está defendiendo y le está costando al cholo». El narrador comenta:

—Ataca nuevamente Durán y se calienta Buchanan, ataca y comienzan los espectadores en el Madison a gritar ¡Durán!, ¡Durán!, ¡Durán! Mano de Piedra está encima tirando golpes. Tocan la campana y se siguen dando puñetazos. El árbitro, Johnny LoBianco, sujeta a Durán y lo separa de Kent Buchanan, que se cae en el *ring* quejándose de golpe bajo.

La algarabía en El Chorrillo era de esperarse, tiran fuegos artificiales, las bocinas de los carros suenan, tiran cerveza a los aires, la gente brinca de alegría, se abrazan. «Te lo dije, ese hombre se caía». Van hasta el cuarto de Clara, la mamá de Durán, la traen hasta donde estamos viendo el combate, la abrazan; de pronto, un silencio total. En la esquina de Ken Buchanan dicen que hay golpe bajo por parte de Durán.

Se llena el entarimado de reporteros deportivos, la guardia acordona el tinglado, nuestro reportero aborda a Johnny LoBianco.

—¿Cuéntanos qué es lo que ha sucedido?

—Bien: aparentemente, Buchanan fue golpeado después de sonar la campana.

—¿Ha recibido un golpe bajo?

—Parecía que le habían dado en la parte baja del abdomen, no era un golpe bajo. Era imposible que lo golpeará a través de la protección.

—Dime, ¿has decidido detener el combate?

—Paré el combate cuando vi en qué condiciones estaba, era obvio que no podía continuar.

—Ya veo, muchas gracias.

Hay una efervescencia en el entarimado, el presentador oficial de la pelea se sitúa en el centro del ring, toma el micrófono y dice:

—Señoras y señores, la decisión oficial sobre el resultado del combate, finalizado el decimotercer asalto es la siguiente: el árbitro, Johnny LoBianco, ha determinado que Buchanan no está en condiciones de finalizar el combate.

El nuevo campeón del mundo de los pesos ligeros es: ¡ROBERTO DURÁN!

La gente salió a la calle, caravanas de carros, fuegos artificiales, bocinas tocando, «Hay que celebrar, tenemos nuevo campeón mundial»,

«¡Mañana no voy a trabajar, vamos a celebrar!», escuchaba en reiteradas ocasiones. Esa noche me fui a dormir con la idea de que yo también quería ser un gran boxeador, como Roberto.